Mein Training

Erfolg ist nicht endgültig, Misserfolg ist nicht fatal;
was zählt, ist der Mut weiterzumachen.

~ Winston Churchill ~

FSC
www.fsc.org
MIX
Papier aus verantwortungsvollen Quellen
Paper from responsible sources
FSC® C105338

Bibliografische Information der Deutschen Nationalbibliothek:
Die Deutsche Nationalbibliothek verzeichnet diese Publikation in der Deutschen Nationalbibliografie; detaillierte bibliografische Daten sind im Internet über http://dnb.dnb.de abrufbar.

Mein Trainingstagebuch für Krafttraining und Fitness

1. Auflage: Oktober 2018

Herausgeber: Enjoytheworld, Dirk Schwenecke
Autor: Dirk Schwenecke
Illustrationen&grafisches Konzept: Dirk Schwenecke
Herstellung und Verlag:
BoD – Books on Demand, Norderstedt

ISBN: 9783748129806

Train Smart

Mein Gewicht und Körpermaße

Datum							
Gewicht							
Brustumfang							
Taille / Bauch							
Bizeps links							
Bizeps rechts							
Oberschenkel li.							
Oberschenkel re.							
Wade links							
Wade rechts							

Datum							
Gewicht							
Brustumfang							
Taille / Bauch							
Bizeps links							
Bizeps rechts							
Oberschenkel li.							
Oberschenkel re.							
Wade links							
Wade rechts							

Datum							
Gewicht							
Brustumfang							
Taille / Bauch							
Bizeps links							
Bizeps rechts							
Oberschenkel li.							
Oberschenkel re.							
Wade links							
Wade rechts							

Datum							
Gewicht							
Brustumfang							
Taille / Bauch							
Bizeps links							
Bizeps rechts							
Oberschenkel li.							
Oberschenkel re.							
Wade links							
Wade rechts							

Mein Trainingsvolumen / Split

Bezeichnung: ______________________________

	nähere Bezeichnung	Zielmuskulatur
Tag 1		
Tag 2		
Tag 3		
Tag 4		
Tag 5		
Tag 6		
Tag 7		

Bezeichnung: ______________________________

	nähere Bezeichnung	Zielmuskulatur
Tag 1		
Tag 2		
Tag 3		
Tag 4		
Tag 5		
Tag 6		
Tag 7		

Meine Trainingspläne

Tag: ____

Zielmuskulatur: __________________________________

Trainingsübung	Zielmuskulatur	Seite

Tag: ______________________________

Zielmuskulatur: ______________________________

Trainingsübung	Zielmuskulatur	Seite

Tag: ____________________

Zielmuskulatur: ____________________

Trainingsübung	Zielmuskulatur	Seite

Tag: ______________________________

Zielmuskulatur: ______________________________

Trainingsübung	Zielmuskulatur	Seite

Tag: ____

Zielmuskulatur: ____________________________________

Trainingsübung	Zielmuskulatur	Seite

Tag: ______________________________

Zielmuskulatur: ______________________________

Trainingsübung	Zielmuskulatur	Seite

Tag: ______________________________

Zielmuskulatur: ______________________________

Trainingsübung	Zielmuskulatur	Seite

Der Geist setzt die Grenzen. Solang man sich im Geiste vorstellen kann, dass man etwas tun kann, kann man es auch, solange man zu 100 Prozent daran glaubt.

~ Arnold Schwarzenegger ~

Meine Übungen

Übung ____________________

Zielmuskel ____________________

	Satz 1		Satz 2		Satz 3		Satz 4	
Datum	Gewicht	Wdh	Gewicht	Wdh	Gewicht	Wdh	Gewicht	Wdh

Datum	Satz 1		Satz 2		Satz 3		Satz 4	
	Gewicht	Wdh	Gewicht	Wdh	Gewicht	Wdh	Gewicht	Wdh

Übung ______________________________

Zielmuskel ______________________________

Datum	Satz 1		Satz 2		Satz 3		Satz 4	
	Gewicht	Wdh	Gewicht	Wdh	Gewicht	Wdh	Gewicht	Wdh

Datum	Satz 1		Satz 2		Satz 3		Satz 4	
	Gewicht	Wdh	Gewicht	Wdh	Gewicht	Wdh	Gewicht	Wdh

Übung ______________________________

Zielmuskel ______________________________

Datum	Satz 1		Satz 2		Satz 3		Satz 4	
	Gewicht	Wdh	Gewicht	Wdh	Gewicht	Wdh	Gewicht	Wdh

	Satz 1		Satz 2		Satz 3		Satz 4	
Datum	Gewicht	Wdh	Gewicht	Wdh	Gewicht	Wdh	Gewicht	Wdh

Übung ______________________________

Zielmuskel ______________________________

Datum	Satz 1		Satz 2		Satz 3		Satz 4	
	Gewicht	Wdh	Gewicht	Wdh	Gewicht	Wdh	Gewicht	Wdh

Datum	Satz 1		Satz 2		Satz 3		Satz 4	
	Gewicht	Wdh	Gewicht	Wdh	Gewicht	Wdh	Gewicht	Wdh

Übung ______________________________

Zielmuskel ______________________________

	Satz 1		Satz 2		Satz 3		Satz 4	
Datum	Gewicht	Wdh	Gewicht	Wdh	Gewicht	Wdh	Gewicht	Wdh

Datum	Satz 1		Satz 2		Satz 3		Satz 4	
	Gewicht	Wdh	Gewicht	Wdh	Gewicht	Wdh	Gewicht	Wdh

Übung ______________________________

Zielmuskel ______________________________

Datum	Satz 1		Satz 2		Satz 3		Satz 4	
	Gewicht	Wdh	Gewicht	Wdh	Gewicht	Wdh	Gewicht	Wdh

Datum	Satz 1		Satz 2		Satz 3		Satz 4	
	Gewicht	Wdh	Gewicht	Wdh	Gewicht	Wdh	Gewicht	Wdh

Übung ______________________________

Zielmuskel ______________________________

	Satz 1		Satz 2		Satz 3		Satz 4	
Datum	Gewicht	Wdh	Gewicht	Wdh	Gewicht	Wdh	Gewicht	Wdh

	Satz 1		Satz 2		Satz 3		Satz 4	
Datum	Gewicht	Wdh	Gewicht	Wdh	Gewicht	Wdh	Gewicht	Wdh

Übung ______________________________

Zielmuskel ______________________________

	Satz 1		Satz 2		Satz 3		Satz 4	
Datum	Gewicht	Wdh	Gewicht	Wdh	Gewicht	Wdh	Gewicht	Wdh

Datum	Satz 1		Satz 2		Satz 3		Satz 4	
	Gewicht	Wdh	Gewicht	Wdh	Gewicht	Wdh	Gewicht	Wdh

Übung ______________________________

Zielmuskel ______________________________

Datum	Satz 1		Satz 2		Satz 3		Satz 4	
	Gewicht	Wdh	Gewicht	Wdh	Gewicht	Wdh	Gewicht	Wdh

Datum	Satz 1		Satz 2		Satz 3		Satz 4	
	Gewicht	Wdh	Gewicht	Wdh	Gewicht	Wdh	Gewicht	Wdh

Übung ______________________________

Zielmuskel ______________________________

	Satz 1		Satz 2		Satz 3		Satz 4	
Datum	Gewicht	Wdh	Gewicht	Wdh	Gewicht	Wdh	Gewicht	Wdh

Datum	Satz 1		Satz 2		Satz 3		Satz 4	
	Gewicht	Wdh	Gewicht	Wdh	Gewicht	Wdh	Gewicht	Wdh

Übung ______________________________

Zielmuskel ______________________________

	Satz 1		Satz 2		Satz 3		Satz 4	
Datum	Gewicht	Wdh	Gewicht	Wdh	Gewicht	Wdh	Gewicht	Wdh

Datum	Satz 1		Satz 2		Satz 3		Satz 4	
	Gewicht	Wdh	Gewicht	Wdh	Gewicht	Wdh	Gewicht	Wdh

Übung ______________________________

Zielmuskel ______________________________

	Satz 1		Satz 2		Satz 3		Satz 4	
Datum	Gewicht	Wdh	Gewicht	Wdh	Gewicht	Wdh	Gewicht	Wdh

Datum	Satz 1		Satz 2		Satz 3		Satz 4	
	Gewicht	Wdh	Gewicht	Wdh	Gewicht	Wdh	Gewicht	Wdh

Übung ______________________________

Zielmuskel ______________________________

Datum	Satz 1		Satz 2		Satz 3		Satz 4	
	Gewicht	Wdh	Gewicht	Wdh	Gewicht	Wdh	Gewicht	Wdh

Datum	Satz 1		Satz 2		Satz 3		Satz 4	
	Gewicht	Wdh	Gewicht	Wdh	Gewicht	Wdh	Gewicht	Wdh

Übung ______________________________

Zielmuskel ______________________________

Datum	Satz 1		Satz 2		Satz 3		Satz 4	
	Gewicht	Wdh	Gewicht	Wdh	Gewicht	Wdh	Gewicht	Wdh

Datum	Satz 1		Satz 2		Satz 3		Satz 4	
	Gewicht	Wdh	Gewicht	Wdh	Gewicht	Wdh	Gewicht	Wdh

Übung ______________________________

Zielmuskel ______________________________

Datum	Satz 1		Satz 2		Satz 3		Satz 4	
	Gewicht	Wdh	Gewicht	Wdh	Gewicht	Wdh	Gewicht	Wdh

Datum	Satz 1		Satz 2		Satz 3		Satz 4	
	Gewicht	Wdh	Gewicht	Wdh	Gewicht	Wdh	Gewicht	Wdh

Übung ______________________

Zielmuskel ______________________

	Satz 1		Satz 2		Satz 3		Satz 4	
Datum	Gewicht	Wdh	Gewicht	Wdh	Gewicht	Wdh	Gewicht	Wdh

Datum	Satz 1		Satz 2		Satz 3		Satz 4	
	Gewicht	Wdh	Gewicht	Wdh	Gewicht	Wdh	Gewicht	Wdh

Übung ______________________________

Zielmuskel ______________________________

Datum	Satz 1		Satz 2		Satz 3		Satz 4	
	Gewicht	Wdh	Gewicht	Wdh	Gewicht	Wdh	Gewicht	Wdh

	Satz 1		Satz 2		Satz 3		Satz 4	
Datum	Gewicht	Wdh	Gewicht	Wdh	Gewicht	Wdh	Gewicht	Wdh

Übung ______________________________

Zielmuskel ______________________________

	Satz 1		Satz 2		Satz 3		Satz 4	
Datum	Gewicht	Wdh	Gewicht	Wdh	Gewicht	Wdh	Gewicht	Wdh

Datum	Satz 1		Satz 2		Satz 3		Satz 4	
	Gewicht	Wdh	Gewicht	Wdh	Gewicht	Wdh	Gewicht	Wdh

Übung ____

Zielmuskel ____

	Satz 1		Satz 2		Satz 3		Satz 4	
Datum	Gewicht	Wdh	Gewicht	Wdh	Gewicht	Wdh	Gewicht	Wdh

Datum	Satz 1		Satz 2		Satz 3		Satz 4	
	Gewicht	Wdh	Gewicht	Wdh	Gewicht	Wdh	Gewicht	Wdh

Übung ______________________________

Zielmuskel ______________________________

Datum	Satz 1		Satz 2		Satz 3		Satz 4	
	Gewicht	Wdh	Gewicht	Wdh	Gewicht	Wdh	Gewicht	Wdh

Datum	Satz 1		Satz 2		Satz 3		Satz 4	
	Gewicht	Wdh	Gewicht	Wdh	Gewicht	Wdh	Gewicht	Wdh

Übung ______________________________

Zielmuskel ______________________________

	Satz 1		Satz 2		Satz 3		Satz 4	
Datum	Gewicht	Wdh	Gewicht	Wdh	Gewicht	Wdh	Gewicht	Wdh

Datum	Satz 1		Satz 2		Satz 3		Satz 4	
	Gewicht	Wdh	Gewicht	Wdh	Gewicht	Wdh	Gewicht	Wdh

Übung ______________________________

Zielmuskel ______________________________

	Satz 1		Satz 2		Satz 3		Satz 4	
Datum	Gewicht	Wdh	Gewicht	Wdh	Gewicht	Wdh	Gewicht	Wdh

	Satz 1		Satz 2		Satz 3		Satz 4	
Datum	Gewicht	Wdh	Gewicht	Wdh	Gewicht	Wdh	Gewicht	Wdh

Übung ______________________________

Zielmuskel ______________________________

Datum	Satz 1		Satz 2		Satz 3		Satz 4	
	Gewicht	Wdh	Gewicht	Wdh	Gewicht	Wdh	Gewicht	Wdh

Datum	Satz 1		Satz 2		Satz 3		Satz 4	
	Gewicht	Wdh	Gewicht	Wdh	Gewicht	Wdh	Gewicht	Wdh

Übung ______________________________

Zielmuskel ______________________________

Datum	Satz 1		Satz 2		Satz 3		Satz 4	
	Gewicht	Wdh	Gewicht	Wdh	Gewicht	Wdh	Gewicht	Wdh

Datum	Satz 1		Satz 2		Satz 3		Satz 4	
	Gewicht	Wdh	Gewicht	Wdh	Gewicht	Wdh	Gewicht	Wdh

Übung ______________________________

Zielmuskel ______________________________

Datum	Satz 1		Satz 2		Satz 3		Satz 4	
	Gewicht	Wdh	Gewicht	Wdh	Gewicht	Wdh	Gewicht	Wdh

Datum	Satz 1		Satz 2		Satz 3		Satz 4	
	Gewicht	Wdh	Gewicht	Wdh	Gewicht	Wdh	Gewicht	Wdh

Übung ______________________________

Zielmuskel ______________________________

Datum	Satz 1		Satz 2		Satz 3		Satz 4	
	Gewicht	Wdh	Gewicht	Wdh	Gewicht	Wdh	Gewicht	Wdh

Datum	Satz 1		Satz 2		Satz 3		Satz 4	
	Gewicht	Wdh	Gewicht	Wdh	Gewicht	Wdh	Gewicht	Wdh

Übung ______________________________

Zielmuskel ______________________________

Datum	Satz 1		Satz 2		Satz 3		Satz 4	
	Gewicht	Wdh	Gewicht	Wdh	Gewicht	Wdh	Gewicht	Wdh

Datum	Satz 1		Satz 2		Satz 3		Satz 4	
	Gewicht	Wdh	Gewicht	Wdh	Gewicht	Wdh	Gewicht	Wdh

Übung ______________________________

Zielmuskel ______________________________

Datum	Satz 1		Satz 2		Satz 3		Satz 4	
	Gewicht	Wdh	Gewicht	Wdh	Gewicht	Wdh	Gewicht	Wdh

Datum	Satz 1		Satz 2		Satz 3		Satz 4	
	Gewicht	Wdh	Gewicht	Wdh	Gewicht	Wdh	Gewicht	Wdh

Übung ____________________

Zielmuskel ____________________

Datum	Satz 1		Satz 2		Satz 3		Satz 4	
	Gewicht	Wdh	Gewicht	Wdh	Gewicht	Wdh	Gewicht	Wdh

Datum	Satz 1		Satz 2		Satz 3		Satz 4	
	Gewicht	Wdh	Gewicht	Wdh	Gewicht	Wdh	Gewicht	Wdh

Übung ______________________________

Zielmuskel ______________________________

Datum	Satz 1		Satz 2		Satz 3		Satz 4	
	Gewicht	Wdh	Gewicht	Wdh	Gewicht	Wdh	Gewicht	Wdh

Datum	Satz 1		Satz 2		Satz 3		Satz 4	
	Gewicht	Wdh	Gewicht	Wdh	Gewicht	Wdh	Gewicht	Wdh

Übung ____________________

Zielmuskel ____________________

Datum	Satz 1		Satz 2		Satz 3		Satz 4	
	Gewicht	Wdh	Gewicht	Wdh	Gewicht	Wdh	Gewicht	Wdh

Datum	Satz 1		Satz 2		Satz 3		Satz 4	
	Gewicht	Wdh	Gewicht	Wdh	Gewicht	Wdh	Gewicht	Wdh

Übung ____________________

Zielmuskel ____________________

Datum	Satz 1		Satz 2		Satz 3		Satz 4	
	Gewicht	Wdh	Gewicht	Wdh	Gewicht	Wdh	Gewicht	Wdh

Datum	Satz 1		Satz 2		Satz 3		Satz 4	
	Gewicht	Wdh	Gewicht	Wdh	Gewicht	Wdh	Gewicht	Wdh

Übung ______________________________

Zielmuskel ______________________________

Datum	Satz 1		Satz 2		Satz 3		Satz 4	
	Gewicht	Wdh	Gewicht	Wdh	Gewicht	Wdh	Gewicht	Wdh

Datum	Satz 1		Satz 2		Satz 3		Satz 4	
	Gewicht	Wdh	Gewicht	Wdh	Gewicht	Wdh	Gewicht	Wdh

Übung ______________________________

Zielmuskel ______________________________

Datum	Satz 1		Satz 2		Satz 3		Satz 4	
	Gewicht	Wdh	Gewicht	Wdh	Gewicht	Wdh	Gewicht	Wdh

	Satz 1		Satz 2		Satz 3		Satz 4	
Datum	Gewicht	Wdh	Gewicht	Wdh	Gewicht	Wdh	Gewicht	Wdh

Übung ______________________________

Zielmuskel ______________________________

Datum	Satz 1		Satz 2		Satz 3		Satz 4	
	Gewicht	Wdh	Gewicht	Wdh	Gewicht	Wdh	Gewicht	Wdh

Datum	Satz 1		Satz 2		Satz 3		Satz 4	
	Gewicht	Wdh	Gewicht	Wdh	Gewicht	Wdh	Gewicht	Wdh

Übung ______________________________

Zielmuskel ______________________________

	Satz 1		Satz 2		Satz 3		Satz 4	
Datum	Gewicht	Wdh	Gewicht	Wdh	Gewicht	Wdh	Gewicht	Wdh

	Satz 1		Satz 2		Satz 3		Satz 4	
Datum	Gewicht	Wdh	Gewicht	Wdh	Gewicht	Wdh	Gewicht	Wdh

Übung ______________________________

Zielmuskel ______________________________

Datum	Satz 1		Satz 2		Satz 3		Satz 4	
	Gewicht	Wdh	Gewicht	Wdh	Gewicht	Wdh	Gewicht	Wdh

Datum	Satz 1		Satz 2		Satz 3		Satz 4	
	Gewicht	Wdh	Gewicht	Wdh	Gewicht	Wdh	Gewicht	Wdh

Übung ______________________________

Zielmuskel ______________________________

Datum	Satz 1		Satz 2		Satz 3		Satz 4	
	Gewicht	Wdh	Gewicht	Wdh	Gewicht	Wdh	Gewicht	Wdh

Datum	Satz 1		Satz 2		Satz 3		Satz 4	
	Gewicht	Wdh	Gewicht	Wdh	Gewicht	Wdh	Gewicht	Wdh

Übung ______________________________

Zielmuskel ______________________________

Datum	Satz 1		Satz 2		Satz 3		Satz 4	
	Gewicht	Wdh	Gewicht	Wdh	Gewicht	Wdh	Gewicht	Wdh

	Satz 1		Satz 2		Satz 3		Satz 4	
Datum	Gewicht	Wdh	Gewicht	Wdh	Gewicht	Wdh	Gewicht	Wdh

Übung ____________________

Zielmuskel ____________________

Datum	Satz 1		Satz 2		Satz 3		Satz 4	
	Gewicht	Wdh	Gewicht	Wdh	Gewicht	Wdh	Gewicht	Wdh

Datum	Satz 1		Satz 2		Satz 3		Satz 4	
	Gewicht	Wdh	Gewicht	Wdh	Gewicht	Wdh	Gewicht	Wdh

Notizen